LEICHTER LERNEN

Konzentration steigern

Andrea Solms

compact

Bisher sind in dieser Reihe erschienen:

- Gedächtnis trainieren
- Lerntechniken üben
- Konzentration steigern
- Prüfungen ablegen
- Textverständnis schulen
- Referate meistern

Text: Andrea Solms
Redaktion: Astrid Kaufmann, Felicitas Zahner
Produktion: Wolfram Friedrich
Illustrationen: Sonja Heller (S. 26, 28, 36), Doris Oppenauer (S. 7, 8, 10, 14 oben, 15, 43, 53 unten, 63), Bettina Weisl (S. 6, 9, 11, 12, 14 unten, 16, 18, 20, 22, 25, 31, 34, 35, 39, 40, 41, 42, 44, 47, 48, 49, 53 oben)
Titelabbildung: www.fotolia.de (Andrey Kiselev)
Gestaltung: h3a GmbH, München
Umschlaggestaltung: h3a GmbH, München

ISBN 978-3-8174-9023-3
7390231

Besuch uns im Internet: www.compactverlag.de

Liebe Eltern,

hat Ihr Kind in manchen Situationen Probleme, sich richtig zu konzentrieren? Und unterlaufen ihm daher immer wieder ärgerliche Leichtsinnsfehler? Hier kann rasch und einfach Abhilfe geschaffen werden – und die schulischen Leistungen werden sich schnell verbessern.

Mithilfe der richtigen Arbeitstechniken werden Lern- und Konzentrationsprobleme bald der Vergangenheit angehören. In diesem Band der Reihe „Leichter lernen" können Sie gemeinsam mit Ihrem Kind daran arbeiten, seine Konzentrationsfähigkeit gezielt zu verbessern.

Wichtiges ist in gelben Regelkästen hervorgehoben. Zahlreiche Tipps geben zusätzliche Ratschläge. Anhand der Übungen können die Arbeitstechniken sogleich für die Praxis trainiert werden.

Achten Sie immer darauf, dass Ihr Kind ausgeschlafen ist, sich gesund ernährt und sich ausreichend an der frischen Luft aufhält. Auch sollte die Lernumgebung immer ordentlich sein. All dies unterstützt den Lernerfolg.

Inhaltsverzeichnis

Einstiegstest – Konzentration kann man lernen!

„Jetzt konzentriere dich doch endlich mal!“ Sicher hast du diesen Satz schon öfter gehört – aus dem Mund eines Lehrers oder von deinen Eltern. Aber was heißt das eigentlich genau – sich konzentrieren?
Am besten kann man sich diesem Begriff nähern, wenn man fragt, was es bedeutet, sich nicht zu konzentrieren. Diesen Zustand kennt eigentlich jeder! Man ist abgelenkt und denkt an etwas ganz anderes als an das, worum es gerade geht. Manchmal sind das sogar viele verschiedene Dinge. Im Unterricht führt das zum Beispiel dazu, dass man einen wichtigen Rechenschritt verpasst, wenn gerade eine neue Aufgabenform erklärt wird, oder dass man im Diktat Flüchtigkeitsfehler macht. In anderen Bereichen kann fehlende Konzentration noch viel schlimmere Folgen haben – denke nur einmal an den Straßenverkehr!

Konzentrieren heißt also, dass man seine Aufmerksamkeit bewusst nur auf eine einzige Sache richtet und nebenher mit nichts anderem beschäftigt ist.
Du meinst, dass dir das oft ganz schön schwerfällt. Kein Wunder, denn das ist wirklich keine leichte Sache! Oft gehen uns Gedanken zu ganz unterschiedlichen Dingen durch den Kopf, die wir vielleicht am gleichen Tag noch erledigen wollen: Nach dem Lernen möchtest du dich etwa mit deinen Freunden zum Computerspielen treffen oder zum Sport gehen. Und daran denkst du bereits während des Lernens. Das stört dich dann beim Konzentrieren auf die Hausaufgaben und schon bist du wieder abgelenkt.
Sich gut konzentrieren zu können ist aber die Voraussetzung dafür, dass man sich die vielen verschiedenen Lerninhalte, die man in der Schule vermittelt bekommt, dauerhaft merken kann. „Wenn ich mich aber nun einmal leicht ablenken lasse, kann ich dann meine Konzentration überhaupt verbessern?“, wirst du dich jetzt vielleicht fragen. „Klar!“, heißt die Antwort. Denn man kann – wie im Sport – regelmäßig trainieren und sieht dann auch recht schnell Fortschritte. Darüber hinaus gibt es viele Tipps,

die dir helfen, solche Störungen zu verringern, die dich regelmäßig ablenken. Zum Einstieg solltest du aber erst einmal testen, wie gut du dich bereits konzentrieren kannst.

1 **Betrachte diese zehn Gegenstände eine Minute lang. Dann legst du das Buch weg und gehst in einen anderen Raum. Nimm Zettel und Stift mit und schreibe dort auf, welche Motive du dir merken konntest.**

Na, wie war es? Du wusstest alle Motive? Gratulation! Dir fehlten eines oder zwei? Auch noch gut! Du konntest dir sechs oder sieben merken? Nicht schlecht, aber das lässt sich noch verbessern! Dir waren nur fünf in Erinnerung? Dann solltest du an deiner Konzentration arbeiten, aber dafür hast du ja schließlich dieses Buch! Am besten, du versuchst dich noch einmal an dieser Übung, wenn du alle Kapitel durchgearbeitet hast und ein richtiger Konzentrations-Profi geworden bist.

Ist mein Arbeitsplatz perfekt zum Lernen?

Es gibt viele Möglichkeiten, seine Konzentrationsfähigkeit zu verbessern.
Eine ganz wichtige Grundlage für konzentriertes Arbeiten stellt der richtig gestaltete Arbeitsplatz dar.
„Ich gehe doch noch gar nicht zur Arbeit?“, wirst du dich wundern. Stimmt, aber Lernen ist auch richtige Arbeit! Und deswegen nennen wir deinen Schreibtisch und seine Umgebung hier Arbeitsplatz. Zuerst schauen wir uns einmal den Arbeitsplatz von Tim an:

Oh je, ist das überhaupt ein Schreibtisch oder vielleicht doch der Tisch, an dem Tim zu Mittag gegessen hat? So sieht es zumindest aus – überall Reste von Essen, eine Bananenschale, eine umgekippte Teetasse und eine offene Saftflasche, die da nun schon seit einer Woche steht. Wo sind hier eigentlich die Schulhefte? Man sieht nur CDs und einen unordentlichen Papierstapel! Das hier vielleicht – ne, das ist die Zeitung.

Kannst du dir vorstellen, dass du an einem solch unordentlichen Schreibtisch effektiv arbeiten kannst? Oder greift man hier nicht automatisch nach der Zeitung und schaut im Fernsehprogramm nach, welchen Film man sich am Abend ansehen könnte.

REGEL

Mein Arbeitsplatz ist immer ordentlich aufgeräumt. –
Es liegen dort nur Dinge, die ich zum Lernen brauche.

Was gehört alles auf den Schreibtisch?

Ganz klar: Dein Schreibtisch sollte aufgeräumt und ordentlich sein! Wenn dort Dinge liegen, die nichts mit Schule zu tun haben, lenkt dich das nur ab. Die Frage ist nun, welche Gegenstände unbedingt auf deinem Schreibtisch oder in greifbarer Nähe vorhanden sein müssen.
Natürlich alles, was du zum Lernen brauchst: Papier und Stifte, Lineal, Bleistift, Anspitzer, Radiergummi, Schmierpapier ...
Und ein Papierkorb sollte unmittelbar neben dem Tisch stehen, damit nicht mehr benötigtes Schmierpapier sofort von der Tischplatte verschwindet.

Auch sollten immer nur die Bücher auf deinem Schreibtisch liegen, die du für die Aufgabe brauchst, an der du gerade sitzt: Brütest du momentan über deinen Mathe-Hausaufgaben, ist es nicht gerade förderlich, an den noch ausstehenden Deutsch-Aufsatz zu denken. Dies könnte aber sehr leicht geschehen, wenn du das betreffende Schulheft bereits auf deinem Tisch platziert hast.
Später räumst du dann alle Mathe-Utensilien weg, sobald du die Aufgaben in diesem Fach erledigt hast. So machst du es mit allen Fächern. Das gibt dir zugleich ein gutes Gefühl: „Geschafft! Und weg damit, jetzt wird an etwas anderes gedacht!"
Steht das Fach für den nächsten Tag auf deinem Stundenplan, dann kommen die Sachen natürlich sofort in die Schultasche.
Bei der nächsten Konzentrationsübung siehst du, dass nicht nur der Schreibtisch, sondern auch die Schultasche leicht unübersichtlich werden kann.

2 **Streiche die Dinge weg, die nicht in eine Schultasche gehören. Klappe dann das Buch zu und zeichne aus dem Kopf nur die Dinge nach, die Hanna richtigerweise in ihren Ranzen gepackt hat.**

Wo lerne ich am besten? – Einen festen Arbeitsplatz suchen

Du brauchst, um effektiv lernen zu können, einen festen Arbeitsplatz. Damit ist gemeint, dass du deine Hausaufgaben immer am gleichen Ort erledigen solltest, nicht einmal in der Küche, einmal im Wohnzimmer und einmal in deinem eigenen Zimmer.

Am besten ist es, wenn du einen eigenen Schreibtisch in deinem Zimmer hast, wo du ungestört bist. Wenn das nicht der Fall ist, dann musst du dir zum Beispiel für die Zeit deiner Hausaufgaben immer den Küchentisch reservieren. In diesen Stunden solltest du den Raum möglichst ganz für dich allein haben. Dort musst du dann auch alle nötigen Materialien zur Hand haben.
Es ist deshalb so wichtig, einen festen Arbeitsplatz zu haben, weil wir Menschen uns sehr an unseren Gewohnheiten orientieren. Auf deinen Arbeitsplatz bezogen heißt das, dass du leichter mit dem Lernen anfangen kannst, wenn du das immer am gleichen Ort machst. Dein Körper stellt sich dann automatisch auf „Arbeiten" ein.

REGEL

Gearbeitet wird am Arbeitsplatz –
am Arbeitsplatz wird *nur* gearbeitet!

Lärm, stickige Luft & Co.

Selbstverständlich muss es in deinem Zimmer ruhig sein; kein Radio oder Ähnliches darf während der Hausaufgaben laufen. Sorge außerdem immer für ausreichend frische Luft, denn dein Gehirn verbraucht beim Lernen besonders viel Sauerstoff. Du solltest auch weder schwitzen noch frieren: Ungefähr 20 Grad sind die ideale Raumtemperatur zum Lernen. Wichtig ist auch noch, dass du genug Licht hast, denn sonst musst du bereits einen großen Teil der Konzentration zum Sehen aufwenden.

Tipp

Die Schreibtischlampe sollte links stehen, sofern du Rechtshänder bist. Ansonsten entsteht ein störender Schatten. Bei Linkshändern steht sie entsprechend auf der rechten Seite.

Mit Hunger oder Durst lernt es sich nicht gut! Deshalb solltest du immer einen kleinen Snack zu dir nehmen, wenn du merkst, dass dir nun bald der Magen knurren wird. Was hierfür am besten in Frage kommt, kannst du in Kapitel 4 nachlesen. Es sollten auf jeden Fall Nahrungsmittel sein, die Kohlenhydrate enthalten, weil diese verhindern, dass der Blutzuckerspiegel immer weiter absinkt. Ein niedriger Blutzuckerspiegel führt immer dazu, dass wir uns nicht mehr richtig konzentrieren können. Kohlenhydratreiche Snacks sind beispielsweise Müsliriegel, Studentenfutter und Trockenobst.

Das soll nun allerdings keine Aufforderung dazu sein, auf deinen Heften „Brotzeit zu machen". Am Arbeitsplatz selbst haben Speisen jeder Art nichts zu suchen. Gönne dir vielmehr eine kurze Pause und setze dich an einen anderen Tisch, um eine Kleinigkeit zu essen. So viel Zeit muss sein! Gleichzeitig essen und wirklich aufmerksam lesen oder rechnen funktioniert sowieso nicht. Ein Glas Wasser oder eine Tasse Tee kannst du allerdings schon neben deine Hefte stellen, damit du auch wirklich ausreichend Flüssigkeit zu dir nimmst.

Tipp

Aber Achtung: Nachdem du deine Hausaufgaben beendet hast, musst du zusammen mit den Lernmaterialien auch deine Tasse wegräumen, sonst hast du am Ende einer Woche eventuell fünf Tassen auf deinem Tisch stehen und keinen Platz mehr für deine Bücher. Bei dir sieht es dann unter Umständen so aus wie bei Tim. – Du erinnerst dich an das Bild mit dem unordentlichen Schreibtisch auf S. 8?

Und was kommt jetzt? Erraten – eine weitere Übung, schließlich sollst du deine Konzentrationsfähigkeit trainieren!

3 **Jedem Buchstaben ist ein Zeichen zugeordnet. Setze unter jeden Buchstaben das entsprechende Zeichen. Du hast dazu 3 Minuten Zeit!**

A	B	C	D	E	F	G
+	–	!	(	?	:	%

D E A B E C G A B C

____

G E A D C B A D E B

____

A G B C E D A B G D

____

G D A E C B E A C D

____

4 **Und jetzt schau mal, wie viel du von Übung 2 behalten hast. Schreibe auf, welche der dargestellten Gegenstände in Hannas Schultasche waren.**

An einem angenehmen Ort lernt es sich leichter

Und noch etwas: Du solltest die Umgebung deines Arbeitsplatzes nicht nur ordentlich halten, sondern sie auch schön gestalten, denn in einer angenehmen Umgebung lernt es sich leichter. Du könntest beispielsweise eine Zimmerpflanze neben deinen Schreibtisch stellen oder ein Poster deiner Lieblingsband aufhängen.

Tipp

Dass man lieber in einer angenehmen Umgebung lernt, wussten schon die Italiener des 14. Jahrhunderts. Das „Studiolo“, in dem man studierte, also lernte, war der schönste Raum im ganzen Haus!

REGEL

Nur an einen schön gestalteten Arbeitsplatz kehrt man jeden Tag gern zurück.

So, nun kannst du das, was du über den optimalen Arbeitsplatz erfahren hast, in die Praxis umsetzen. Schau dir diesen Schreibtisch einmal genau an: Einige Dinge sind überflüssig, andere fehlen.

5 **Male die fehlenden Dinge hinzu, und streiche die überflüssigen weg.**

Checkliste – Arbeitsplatz:

Mithilfe der folgenden Checkliste kannst du nun überprüfen, ob du einen optimalen Arbeitsplatz hast:

- ☐ Lerne ich immer am gleichen Ort?
- ☐ Ist mein Schreibtisch groß genug?
- ☐ Liegen alle Arbeitsmaterialien bereit?
- ☐ Habe ich ausreichend Licht?
- ☐ Ist mein Arbeitsplatz ordentlich aufgeräumt?
- ☐ Liegen keine anderen Dinge („Privatkram“), die ablenken könnten, dort?
- ☐ Ist die Temperatur in meinem Zimmer angenehm?
- ☐ Sorge ich für ausreichend frische Luft?

Du hast alle Punkte angekreuzt? Super, dann hast du die besten Voraussetzungen!

Dir fehlen noch Punkte? Das kannst du ändern! Am besten, du liest dir das erste Kapitel noch einmal durch und setzt die angegebenen Ratschläge sofort in die Tat um.

Und nun kannst du mithilfe der folgenden Übungen noch einmal beweisen, wie gut du dich schon konzentrieren kannst.

6 **Versuche, dir die folgenden Wörter möglichst gut einzuprägen. Du hast dafür 5 Minuten Zeit.**

Blume ______________________
Sonnenuntergang ______________________
Regenbogen ______________________
Gießkanne ______________________
Apfelmus ______________________
Schreibtisch ______________________
Hausaufgaben ______________________
Schulhof ______________________
Handtuch ______________________
Waffeln ______________________
Einkauf ______________________
Handtasche ______________________

Decke dann die Liste mit einem Heft ab und schreibe alle Begriffe daneben, die du dir merken konntest. Vielleicht bekommst du ja auch noch die richtige Reihenfolge zusammen.

Tipp

Einzelne Wörter, die gar nicht zusammenhängen, kannst du dir am besten merken, wenn du sie in eine Geschichte einbaust:
Felix pflückte die *Blume* bei *Sonnenuntergang*, der *Regenbogen* war nicht mehr zu sehen ... (Blume, Sonnenuntergang, Regenbogen)
Versuche es selbst mit den folgenden Begriffen und überlege, ob du dir so mehr merken konntest.
Regenschirm, Erdbeereis, Uhr, Thermometer, Ball, Schiff, Fenster, Sofa, Computer, Kalender, Fisch, Brücke

7

In welchen Punkten stimmen die beiden Bilder nicht überein? Es haben sich 10 Fehler eingeschlichen; kreise sie ein!

2 Was hält mich vom konzentrierten Arbeiten ab?

Störungen, die von außen kommen

Gehen wir jetzt einmal davon aus, dass du inzwischen deinen optimalen Arbeitsplatz gefunden hast. Sollte das noch nicht der Fall sein, dann mach' erst einmal eine Pause und räume deinen Schreibtisch auf!
Sehr gut, dann kann es ja jetzt weitergehen. Der Schreibtisch ist top aufgeräumt, die Luft in deinem Zimmer frisch – weder zu kalt noch zu warm.
Gegessen hast du auch und eine Pause liegt hinter dir. Was könnte dich jetzt noch am konzentrierten Arbeiten hindern? Aber schon wird deine Aufmerksamkeit an eine andere Stelle umgelenkt:

Was ist denn das für ein Geräusch, klingelt da vielleicht das Telefon? Ach so, das ist das Handy. Wer ist dran? Eine Freundin, sie will sich mit dir verabreden. Oh, da kommt auch noch eine SMS, schnell noch einmal nachsehen ...

Stell dir vor, das wäre jetzt während der Hausaufgaben passiert. Das hätte dich auf jeden Fall vom Lernen abgehalten, also gestört, und vielleicht hättest du sogar auch noch nach dem Telefonieren über die Verabredung nachgedacht. Deine Konzentration wäre auf jeden Fall unterbrochen gewesen. Es ist daher wichtig, dass du noch einmal genau überlegst, was dich alles am Lernen hindern beziehungsweise was dich unterbrechen könnte.

8 **Liste hier mögliche Störfaktoren auf!**

____

____

Nun heißt es, etwas gegen diese Störfaktoren zu unternehmen:
Vielleicht kannst du dich mit deinen Freunden schon in der Schule verabreden oder gleich nach dem Mittagessen, wenn du sowieso eine Pause einlegen solltest. Sprich doch am besten mit ihnen darüber und schalte dein Handy während der Hausaufgaben einfach aus.
Natürlich ist es auch eine Störung, wenn dein Bruder im Nebenzimmer lautstark seine Lieblingsband hört oder deine kleine Schwester ständig in dein Zimmer kommt, weil sie mit dir spielen will. In diesen Fällen solltest du beiden erklären, dass du dich so nicht aufs Lernen konzentrieren kannst und deshalb doppelt so lang brauchen wirst, wodurch du beispielsweise nichts mehr mit ihnen unternehmen kannst.

REGEL

Nur Lernen ohne Störungen ist effektives Lernen und bringt gute Noten!

Über Musik haben wir eben schon einmal kurz gesprochen; sie lenkt dich auch vom Lernen ab. Dazu haben Wissenschaftler schon Tests durchgeführt und du selbst kannst das auch einmal nachprüfen.

9 **Rechne eine bestimmte Anzahl von Aufgaben mit Musik und anschließend ähnlich schwierige Aufgaben ohne Musik und vergleiche, wann du weniger Fehler gemacht hast und wann du schneller warst. Auf der nächsten Seite findest du eine Reihe einfacher Rechenaufgaben.**

Zunächst einmal solltest du die erste Reihe Aufgaben ohne Musik rechnen, nach einer kleinen Pause rechnest du die zweite Reihe Aufgaben mit Musik und vergleichst, wie viele richtige Ergebnisse du jeweils hast. Vergleiche auch die Zeit, die du jeweils dazu benötigt hast.

TEST MATHE OHNE MUSIK:		TEST MATHE MIT MUSIK	
$3 \cdot 1 + 3 - 5 =$	______	$8 \cdot 3 + 6 - 9 =$	______
$4 \cdot 5 + 2 - 7 =$	______	$7 \cdot 4 + 5 - 8 =$	______
$1 \cdot 8 + 6 - 9 =$	______	$6 \cdot 3 + 5 - 2 =$	______
$3 \cdot 5 + 4 - 9 =$	______	$5 \cdot 6 + 6 - 7 =$	______
$4 \cdot 4 + 3 - 7 =$	______	$2 \cdot 7 + 8 - 5 =$	______
$5 \cdot 4 + 4 - 8 =$	______	$4 \cdot 3 + 7 - 4 =$	______
$5 \cdot 8 + 7 - 9 =$	______	$6 \cdot 8 + 5 - 3 =$	______
$9 \cdot 3 + 9 - 2 =$	______	$7 \cdot 4 + 7 - 5 =$	______
$6 \cdot 7 + 4 - 5 =$	______	$8 \cdot 4 + 6 - 3 =$	______
$4 \cdot 2 + 7 - 5 =$	______	$9 \cdot 5 + 7 - 9 =$	______

Richtige Ergebnisse:

______________________ ______________________

Zeit:

______________________ ______________________

Mein persönlicher Konzentrationscheck

Ob du mit oder ohne Musik besser lernen kannst, hast du gerade getestet.
Aber, wie du ja weißt, gibt es viele verschiedene Dinge, die dich stören können. Würdest du nicht gerne einmal wissen, wann und unter welchen Umständen du dich besonders gut konzentrieren kannst?
Dazu musst du dich ganz genau beobachten, wobei dir die Konzentrationstabelle auf der nächsten Seite helfen wird.

Darin kannst du genau aufschreiben, was du an einem Nachmittag gemacht hast, wie gut du dich dabei konzentrieren konntest und was dich vielleicht in deiner Konzentration gestört hat. Wie du siehst, sind jeweils folgende Angaben nötig: Datum, Uhrzeit, Tätigkeit (also z. B. Biologie lernen), Angaben darüber, wie gut du dich konzentrieren konntest (prima, mittel, schlecht) sowie die Art der Störung (z. B. meine Schwester ist dreimal ins Zimmer gekommen, ein Freund hat angerufen usw.)

Anschließend solltest du natürlich darüber nachdenken, wie du die Situationen verbessern kannst, in denen deine Konzentration nicht „prima“ war. Darüber solltest du vielleicht auch einmal mit deinen Eltern sprechen (z. B. wenn deine kleinen oder großen Geschwister dich häufig beim Lernen stören oder sehr oft Freunde von dir anrufen – vielleicht könnte man im zweiten Fall einfach das Telefon leiser stellen).

Und so sieht deine Konzentrationstabelle aus; du musst sie nur noch ausfüllen!

10 **Konzentrationstabelle**

Datum und Uhrzeit	Das habe ich gemacht	Konzentration (prima, mittel, schlecht)	Was mich gestört hat

Und hier kannst du aufschreiben, was du ändern möchtest, damit sich die festgestellten Störungen verringern lassen oder ganz aufhören.

____

____

Störungen, die aus mir selbst kommen

Nun überlege einmal, ob dir – abgesehen von den bisher besprochenen Störungen – noch weitere einfallen, die aber mehr aus dir selbst kommen, als aus deiner Umgebung. Wir nennen sie hier „innere Störungen“.

Bereits im Einleitungskapitel wurde davon gesprochen, dass wir beim Lernen oft plötzlich an etwas anderes denken, ohne dass wir das wirklich wollen – unsere Gedanken schweifen einfach ab. Das ist häufig der Fall, wenn wir ein Problem mit uns herumtragen, zum Beispiel wenn wir Streit mit einem Freund oder einer Freundin haben oder am Vormittag in der Schule mit dem Klassenlehrer ein unangenehmes Gespräch führen mussten.

Damit du in solchen Fällen während des Vokabellernens oder der Mathehausaufgaben nicht ständig wieder ins Grübeln gerätst, solltest du besser mit jemandem über dein Problem sprechen, bevor du dich an deinen Arbeitsplatz begibst. Solch eine Vertrauensperson kann eine Freundin / ein Freund, dein Bruder, deine Schwester, der Vater, die Mutter und in ganz kniffligen Fällen auch schon mal der Klassenlehrer oder der Vertrauenslehrer deiner Schule sein.
Wenn erst einmal die Gedanken nicht mehr um ein bestimmtes Problem kreisen, dann fällt es viel leichter, sich auf die anstehenden Schularbeiten zu konzentrieren.

Tipp

Probleme müssen immer angesprochen werden! Gemeinsam mit anderen lässt sich meist schneller eine Lösung finden. Dann ist der Kopf auch wieder frei fürs Lernen! Das gilt auch dann, wenn du dich mit jemandem gestritten hast. Ein beleidigtes Zurückziehen scheint zwar die einfachste Lösung zu sein, kann dich aber ganz schön ins Grübeln bringen oder auch traurig machen.

Beispiel – Zeitdruck:
Hast du schon mal gemerkt, dass es besonders schwierig ist, sich zu konzentrieren, wenn man wenig Zeit hat? Nehmen wir einmal an, du willst nachmittags lernen, hast aber noch andere Termine. – Vielleicht bist du schon verabredet oder musst um vier Uhr zum Arzt oder zum Fußballtraining. Du möchtest aber unbedingt vorher alle Hausaufgaben erledigen, weil am Abend deine Lieblingscousine zu Besuch kommt. Du setzt dich also hin und beginnst ziemlich hektisch, die Englischübersetzung anzufertigen. Doch schon der zweite Satz bereitet dir Schwierigkeiten. Du ärgerst dich, blätterst hektisch im Grammatikteil deines Buches, um die entsprechende Satzkonstruktion nachzulesen und findest die Stelle nicht. Du schaust nach der Uhr und wunderst dich, dass du ausgerechnet heute viel langsamer bist als sonst. Der Grund ist die fehlende Konzentration.

Unter Zeitdruck fällt es einem gewöhnlich viel schwerer, sich wirklich zu konzentrieren, da man ständig denkt: „Oh je, schon so spät, ich muss gleich weg!". Wenn es möglich ist, solltest du in so einem Fall diejenigen Aufgaben, die du nicht dringend erledigen musst, auf den nächsten Tag verschieben. Auch sollte man immer aufpassen, dass man jeden Tag genug Zeitpuffer einplant. Wenn es schon nicht anders geht, dass die Lieblingscousine am selben Tag kommt, an dem du immer dein Fußballtraining hast, dann solltest du von vornherein einplanen, dass du eventuell erst zum Abendessen dazustößt und vorher noch in Ruhe deine Hausaufgaben erledigen kannst. Am besten, du sprichst das vorher gleich mit deinen Eltern ab, damit alle darauf eingestellt sind.

An solch einem stressigen Tag fühlt man sich oft völlig aufgewühlt und unruhig, wenn man sich an seinen Schreibtisch setzt. Um zur Ruhe zu kommen und sich ganz auf das Lernen einzustellen, hilft es oft, zunächst einmal eine kleine Konzentrationsübung zu machen:

11 **Wie viele Dreiecke, Kreise und Quadrate findest du? Du darfst nur mit den Augen suchen, nicht durchstreichen und hast dazu 1 Minute Zeit.**

12 **Konzentriertes Arbeiten erreichst du ganz automatisch, wenn du zunächst versuchst, diesen Text korrekt in Schreibschrift auf einen Block zu übertragen. Beachte dabei die Groß- und Kleinschreibung und ergänze die nötigen Satzzeichen.**

LIEBERMAXGEHTESDIRGUTMIRGEHTESGUT
BISAUFDIESCHULEDIEISTWIEIMMERNERVIG
ABERHEUTEWARESSEHRLUSTIGDENNFELIX
DENKENNSTDUJAAUCHHATEINESTINKBOM
BELOSGELASSENDUKANNSTDIRGARNICHTV
ORSTELLENWIEDASSTANKMEINEFREUNDIN
UNDICHSINDSOFORTZUDENFENSTERNGESTÜR
ZTUNDHABENSIEALLEAUFGERISSENESWAR
SCHRECKLICHMINDESTENSEINEHALBESTUND
ELANGKONNTEMANKAUMLUFTHOLENUNDUN
SERELEHRERINWARTOTALSAUERSIEHATGET
OBTUNDWOLLTEDERGANZENKLASSEEINESON
DERAUFGABEGEBENWENNSICHDERSCHULDIGE
NICHTMELDETNAJAFELIXHATSICHNICHTGEME
LDETUNDWIRHABENJETZTDIESONDERAUFGAB
EZUERLEDIGENUNDDABEIHABENWIRSOWIESO
SCHONSOVIELEHAUSAUFGABENAUFTROTZDEM
ICHWOLLTEDIRERSTNOCHSCHREIBENICHFREUE
MICHSCHONSEHRAUFUNSERWIEDERSEHENBIS
DAHINVIELELIEBEGRÜSSEVONALEXANDRA

13 **Ergänze die Haushälfte spiegelbildlich auf der rechten Seite!**

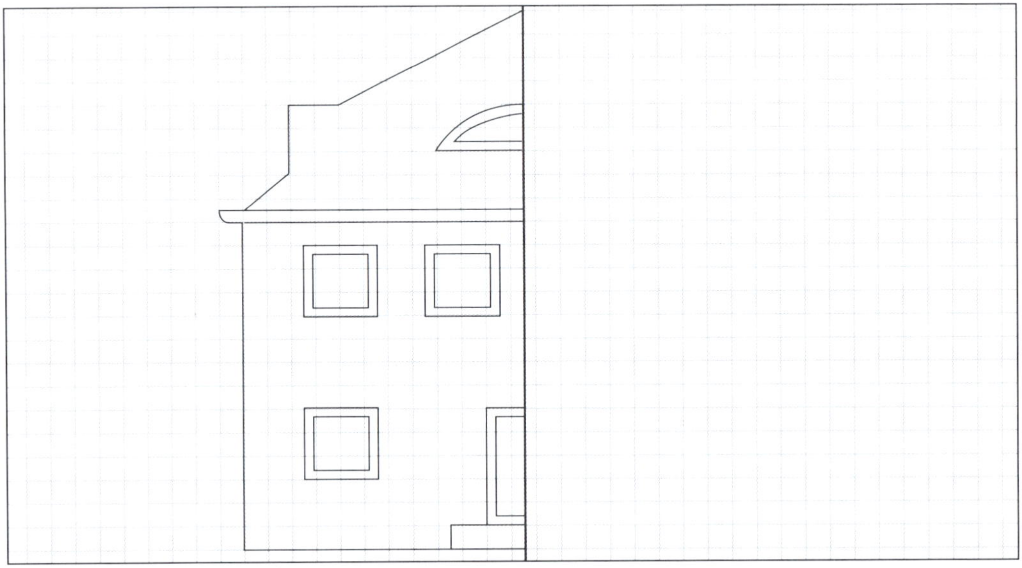

Checkliste – Konzentration ohne Störungen:

- ☐ Habe ich dafür gesorgt, dass mich von außen nichts stört?
  – Musik – Telefon – andere Menschen
- ☐ Habe ich Probleme angesprochen und damit innere Störungen beseitigt?
- ☐ Habe ich Termine so gelegt, dass ich genug Zeit zum Lernen habe?
- ☐ Habe ich alle Konzentrationsübungen durchgeführt?

Konntest du alles ankreuzen? Wenn ja, kannst du dieses Kapitel abhaken.

Bin ich genügend motiviert zum Lernen?

Wie hängen Motivation und Konzentration zusammen?

Motivation – Was ist das nun wieder? Hast du schon einmal gehört, dass jemand gesagt hat: „Das motiviert mich!“, oder andersherum: „Du bist aber unmotiviert!“? Oder vielleicht: „Ich hab überhaupt keinen Bock auf Schule!“, oder umgekehrt: „Ich hab Bock auf Sport!“.

Gemeint ist eigentlich das Gleiche: Das Wort „Motivation“ bedeutet, Lust auf etwas haben, Interesse für etwas zeigen, einen Antrieb, einen Grund haben, etwas Bestimmtes zu tun. In unserem Fall geht es um Motivation zum Lernen, um „Bock auf Schule“ also.

Für jeden Menschen ist es angenehmer, wenn er Dinge tut, die ihm Spaß machen, auf die er Lust hat. Das gilt auch für das Lernen. Es fällt einfach leichter, wenn man etwas gerne macht. Ganz einfach nachvollziehen kannst du das bestimmt, wenn du einmal an dein Lieblingsfach denkst und dann an ein ungeliebtes Schulfach. Es fällt dir leichter, für das Fach zu lernen, das du magst, oder? Und jetzt kommt die beste Nachricht: Du kannst lernen, deine Motivation für eine Sache zu steigern, die dir normalerweise nicht so großen Spaß macht. Dafür gibt es einige gute Tipps und Tricks.

Zum Lernen braucht man Ziele

Wenn du deine Lust am Lernen, also deine Motivation, steigern willst, dann solltest du zuerst einmal darüber nachdenken, was du eigentlich in der Zukunft erreichen willst. Nun könntest du einwenden: „Das weiß ich doch jetzt noch nicht!“ Mit Zukunft muss jedoch nicht immer das gemeint sein, was in 10 oder 20 Jahren geschieht, sondern es kann sich dabei auch um die Zeitspanne bis zum Beginn des nächsten Schuljahres handeln, und die ist doch einigermaßen überschaubar, oder?

14 Versuche gleich einmal, die folgenden Fragen zu beantworten!

Was will ich bis zum Schuljahresende erreichen? (z. B. in Englisch eine 3)

____

Was will ich bis zum Halbjahr erreichen? In welchen Fächern möchte ich mich verbessern?

____

Was will ich im nächsten Monat erreichen?

____

Was will ich in der nächsten Woche erreichen?

____

Was will ich in den nächsten Tagen erreichen?

____

Was will ich bis morgen erreichen?

____

Was will ich heute erreichen?

____

Wenn du dir ein festes Ziel vornimmst, ist es auf jeden Fall einfacher, das, was du dafür brauchst, gezielt anzugehen und auch durchzuhalten.

REGEL

Mit einem festen Ziel vor Augen kann ich besser lernen!

Wichtig ist, dass du dir Ziele steckst, die du auch wirklich erreichen kannst. Wenn du von Anfang an zu viel von dir erwartest, kannst du eigentlich nur enttäuscht werden und gibst am Ende vielleicht frustriert auf. Von einer 5 in Mathe zum Beispiel in wenigen Wochen auf eine 3 zu kommen, das kann fast gar nicht klappen!

Sich erst einmal auf eine 4 zu verbessern, das ist schon realistischer. Wenn du das schaffst, hast du gleich ein Erfolgserlebnis und höchstwahrscheinlich auch Lust, weiterzulernen. Du denkst dir: „Wenn ich mich innerhalb von 3 Wochen von einer 5 auf eine 4 verbessert habe, dann kann ich mich sicher im Laufe der nächsten 3 Wochen auf eine 3 steigern – und die halte ich dann bis zum Jahresende. Im nächsten Schuljahr erreiche ich vielleicht sogar eine 2, wenn ich weiterhin so gut am Ball bleibe und keine Lücken entstehen lasse."
Du bist also stark motiviert und dieser Zustand führt gewöhnlich zum Erfolg!

REGEL

Man darf sich selbst immer nur realistische Ziele stecken!

Diese Regel ist ganz wichtig, damit du nicht gleich frustriert aufgibst. Allerdings darfst du es dir auch nicht zu einfach machen. Anstrengen sollst du dich schon. Die Ziele und die Aufgaben, die du dir selbst stellst und vornimmst, sollten mittelschwer sein – nicht zu leicht und nicht zu schwer – dann kommst du am besten weiter. Es muss sich also um Ziele handeln, die du mit ein wenig Anstrengung ganz sicher erreichen kannst (= realistische Ziele), zu deren Erreichen du dich aber auf jeden Fall anstrengen musst.

In Etappen lernt es sich leichter

Gut ist auch, wenn du deine Arbeit in Portionen aufteilst, dann hast du nicht einen unüberschaubaren Berg Arbeit vor dir, sondern ganz viele Teilziele und jedes Mal ein Erfolgserlebnis, wenn du eines dieser Einzelziele erreicht hast. Damit kannst du dich wunderbar motivieren, immer weiter zu lernen.
Immer, wenn du eine Portion geschafft hast, sagst du dir: „Prima, wieder etwas erledigt!“ Du kannst dir auch die Arbeitsportionen auf kleine bunte Zettel schreiben, die du an deine Pinnwand heftest. Wenn du eine Arbeitsportion erledigt hast, wirfst du den jeweiligen Zettel stolz in den Papierkorb!

Tipp

Lerne in Etappen – dann hast du viele kleine Erfolgserlebnisse, die dich motivieren!

Und damit du deine Erfolge auch „schwarz auf weiß“ vor dir hast, solltest du dir einen ganz konkreten Ziel- und Erfolgsplan basteln. Dort steht genau, was du in welcher Zeit erreichen willst. Wenn es dann so weit ist, kannst du in das Feld „Erfolgskontrolle“ einen Haken machen oder einen dicken Smiley zeichnen.

15 **Das ist Mikes Plan! Versuche in der darunter stehenden Tabelle, deine eigenen Ziele entsprechend einzutragen. Wähle ein Schulfach aus, mit dem du momentan Probleme hast und in dem du dich in der nächsten Zeit verbessern willst.**

Fach: Mathe (Note 4–)	**Ziel – das will ich erreichen**	**in dieser Zeit**	**mein Erfolg (Erfolgskontrolle)**
1. Teilziel	*Hausaufgaben ordentlich erledigen*	*ab heute*	✔
2. Teilziel	*sich öfter am Unterricht beteiligen*	*ab der nächsten Stunde*	✔
3. Teilziel	*nächste Arbeit: 3*	*3 Wochen*	✔
4. Teilziel	*darauf folgende Arbeit: 3*	*8 Wochen*	✔

Fach: Note:	**Ziel – das will ich erreichen**	**in dieser Zeit**	**mein Erfolg (Erfolgskontrolle)**
1. Teilziel			
2. Teilziel			
3. Teilziel			
4. Teilziel			

Und damit du dich konzentriert an die Arbeit machen kannst, findest du hier eine weitere Konzentrationsübung, die dir den Einstieg in einen produktiven Lernnachmittag erleichtert.

16 **Suche alle *tz* aus dem Buchstabengewirr heraus. – Wie viele findest du? Jetzt machst du das Gleiche mit der Buchstabenkombination *zt*. – Wie viele sind es?**

Zt tz zt tz et te tz tz et tz
Zt ne tz zt et tr zt et zt ne
Nr et zt nr tr zt ne en zt nt
Nt zt tz rz tz zt tr ne er nr
En re tz tr zt nt er re tz ne
Zt zt rt zt er ne et zt rt tz zn
Nr tz tr tz er re zt tn tr zt ne
Zt zr er rt rz zt tr ne tn rt nt
Tr rt tz zt zr ze er rt tn er tr
Zt rt er rt zt er rt tz nr te tr
Ne re et tz rt zt er tr zt rt tr
Nr tz zr ez rt zt er tr er rt zt
Re rz zt zt rt zt tn ne rt ez re
Sz tz zt rz ax er nr zt nz tz vw
Az nr sz xa zt zt tz ax zt rs ws

Ich habe ______ *tz* gefunden. Ich habe _______ *zt* gefunden.

Man kann sich auch selbst belohnen

Weißt du eigentlich, dass du schon ganz viel gelesen und gelernt hast? Das ist richtig Klasse, deshalb hast du dir auch eine Belohnung verdient.

Aber welche? Denk mal nach! Wie wäre es denn, wenn du dir jetzt eine Pause gönnen und eine kleine Spritztour mit dem Fahrrad machen würdest. Du kannst dir etwas Leckeres vom Bäcker holen. Im Sommer bietet sich auch ein Eis als Belohnung an und im Winter eine schöne Tasse heißer Kakao. Du könntest auch deine Lieblings-CD hören.

Es gibt so viele Möglichkeiten, sich zu belohnen und sich etwas Gutes zu tun. Das muss nichts Großartiges und Außergewöhnliches sein! Du gönnst dir etwas Schönes und sagst dir: „Das habe ich mir aber jetzt wirklich verdient." Und das solltest du auf jeden Fall nach jedem größeren Lernpensum machen, wenn du längere Zeit konzentriert gearbeitet hast.

Tipp

Ich überlege mir kleine Belohnungen für meine Leistungen. Darauf kann ich mich schon während der Arbeit freuen, das spornt mich an! Eine Belohnung für erbrachte Leistungen motiviert zum Weiterlernen!

Damit du dich nach deinem kleinen Ausflug oder der Kakaopause gleich wieder richtig gut konzentrieren kannst, beginnst du am besten mit einer kleinen Konzentrationsübung. So werden deine Gedanken von Anfang an gebündelt und bleiben nicht bei einem Gespräch hängen, das du vielleicht in der Pause geführt hast. Anschließend kannst du dich viel besser auf die restlichen Hausaufgaben konzentrieren.

17 **Finde in diesem Labyrinth den Ausgang – aber nur mit den Augen, ohne dass du einen Stift oder Finger zur Hilfe nimmst.**

18 Wie viele gleiche Paare siehst du?

123456789 123456798	hgorpminb hgorqminb	AÄAÄAÜUÄ AÄÄAÄUUÄ
536784298 536784298	asdfghhjkl asdfghhjkl	STRZUTNBV STRZUTNBV
869869869 869689869	qprtrtpqurz qqrtrtpqurz	VBNOPRURZ VBNORPURZ
325678679 326578679	opklpolkop opklpolkop	QOQQOQOQ QOQQOQOO
756487698 756487698	hmnbmnhb hmnbnmhb	3883E067388 3883E067388
745632987 745632987	yjpqyjjpqp yjpqyjjpqp	7ZZ77Z777ZZ 7ZZZ7Z77Z7Z

Lösung: ______________________

Positiv denken nicht vergessen!

Hast du schon mal von der Kraft positiver Gedanken gehört? Menschen, die immer nur denken: „Das schaffe ich nicht!“, „Ich kann das ja doch nicht!“, „Dafür bin ich nicht gut genug!“, glauben meist gar nicht an sich selbst und ihr Können. Meist täuschen sie sich dabei gewaltig und wären durchaus in der Lage, die entsprechenden Aufgaben zu bewältigen. Das Schlimme ist aber, dass sie sich durch ihre negativen Gedanken selbst daran hindern.
Wenn man hingegen positiv denkt: „Ja, das gehe ich jetzt an, und mit Geduld und konzentriertem Lernen schaffe ich das auch!“, hat man tatsächlich bessere Chancen. Das kommt daher, dass man sich in diesem Fall auch so verhält, wie man denkt. Derjenige, der nicht daran glaubt, dass er sein Ziel erreichen kann, fängt vielleicht erst gar nicht mit dem Lernen an oder tut es nur halbherzig. Er hat keine Energie zum Lernen und wird daher auch keinen Erfolg haben. Oft hilft es, stärker an sich zu glauben, wenn man sich ganz konkret vor Augen führt, was man eigentlich alles gut kann. Vielleicht bist du besonders gut im Sport oder kannst gut Gitarre spielen, vielleicht findest du auch immer eine schnelle Lösung, wenn bei euch im Haushalt irgendetwas kaputt gegangen ist, oder dir fällt es leicht, Songtexte auswendig zu lernen. Wie du siehst, können deine Stärken in ganz unterschiedlichen Lebensbereichen liegen; sie sind deshalb aber nicht unterschiedlich viel wert.

19 **Liste im Folgenden all das auf, was du gut kannst!**

____

____

____

Dir ist jetzt gar nicht so viel eingefallen? Dann frag' doch einmal deine Freunde oder deine Eltern. Sie können dir bestimmt weiterhelfen, denn manchmal nimmt man seine eigenen Stärken viel weniger wahr als die Menschen, mit denen man täglich zusammen ist.

Tipp

Eine wirksame Hilfe, stärker an sich selbst und seine Fähigkeiten zu glauben, ist es, auf ein Papier oder einen Pappkarton folgende Worte zu schreiben:

ICH WERDE ES SCHAFFEN!

Das Schild hängst du dann an einem Ort auf, an dem du es häufig siehst.

Nun wirst du einwenden: „Das klingt ja alles ganz schön und gut, aber wenn ich an die nächste Klassenarbeit denke, wird mir trotzdem ganz flau im Magen! Das ist doch alles viel zu viel: zu viel zu lernen und zu wenig Zeit! Das kann man doch gar nicht schaffen, da braucht man sich gar nicht erst so zu stressen!“

Du hast während dieser Überlegungen aber wahrscheinlich nur deine schlechten Noten vor Augen und Angst, dass es deshalb nicht klappen könnte. Wenn das so ist, dann befindest du dich in einem Teufelskreis. Mithilfe einiger positiver Gedanken kannst du diesen aber selbstständig durchbrechen.

20 **Hier sind einige Gedanken aufgelistet, die dazu führen, dass du mit dem Lernen vielleicht gar nicht erst anfängst und so in einen elenden „Teufelskreis" gerätst. Schreibe sie auf die roten Linien in der Zeichnung, die diesen symbolisieren sollen!**

- *Ich muss vor dem Lernen noch so viele Dinge erledigen!*
- *Ich habe ein schlechtes Gewissen, weil ich schon lange nicht mehr regelmäßig gelernt habe.*
- *Ich schreibe doch sowieso eine schlechte Note.*
- *Das Fach macht mir überhaupt keinen Spaß!*
- *Ich bin für dieses Fach absolut unbegabt!*

Sicher kannst du erkennen, was das Schlimme an solch einem Teufelskreis ist: Fängt man erst einmal an, negative Gedanken zuzulassen, wird es ganz schwer, aus diesem Kreislauf wieder herauszukommen. Trotzdem – es geht! Wie du es am besten anfängst, zeigt dir die nächste Seite.

21 **Überlege dir andere, positive Gedanken. Denke daran, was du in diesem Kapitel schon über Motivation und die vielen kleinen und größeren Tricks gelernt hast. Schreibe deine Gedanken anschließend in die Pfeile!**

Und jetzt wird noch mal gerechnet! – Mal sehen, wie gut du dich auf die Aufgaben der nächsten Seite konzentrieren kannst. Und denke auch in diesem Fall daran: Auf die richtige Einstellung kommt es an!

22 **Fange mit der ersten Reihe an, addiere bzw. subtrahiere von oben nach unten immer zwei Zahlen (5 + 2) und zähle dann die nächste Zahl zum Ergebnis dazu oder ziehe sie vom Ergebnis ab (7 + 9). Du hast 5 Minuten für alle 5 Spalten Zeit. Wie lautet das Endergebnis?**

+5	+2	−5	−2	−4
+2	+4	+1	+8	−7
+9	−8	−7	+5	−9
+3	−5	+3	−1	+6
+2	−3	−9	−8	+5
−9	−6	+2	+3	−7
+2	+7	+5	−9	+6
+6	+4	−7	+2	−1
+7	+1	−6	+5	+8
+5	−9	−3	−7	+3
−4	+2	−1	+1	+9
+8	+7	+6	+6	+2
−1	+5	−9	+8	−4
+2	+8	+8	+8	−5
+3	−6	−5	+3	−6
−9	−3	+2	−7	+1
+5	+2	+4	−9	+7
+3	+8	+7	+5	−5
−5	−7	+2	+2	−6
+9	−9	−4	+2	+4
+8	−2	−4	−7	+8
−7	+4	+3	−3	−3
+2	+6	−8	−6	−4
+5	+5	−2	+1	+9
+6	+9	−7	+8	−7
−7	−5	−5	+5	−3
−2	−3	−1	+4	+5

Endergebnis: ______________________

23 **Das ist die Geburtstagstorte von der Party in Aufgabe 7. Doch auch hier haben sich einige Fehler eingeschlichen. Schau dir mal die rechte Zeichnung ganz genau an; hier stimmt doch was nicht. Du musst insgesamt 5 Fehler entdecken.**

24 **In diesem „Text“ sind einige wichtige Begriffe versteckt, die auf den vorhergehenden Seiten erklärt wurden. Schreibe sie auf einen Notizblock und erkläre jeweils kurz, in welchem Zusammenhang sie dort verwendet wurden!**

RTZSSEWRERTUOZIELTGBNJIOXSINVSWE
JKLPORTIONENTHNCVDUEZDMCDPPOPLK
LERNENUEZTRMCMOFERFOLGZWEXAWP
POSITIVQASERTZUIDENKENOLKJHDASDF
IEZTBVRUOMOTIVATIONVNFGETDRWIRO

Auch in ungeliebten Fächern kann man erfolgreich sein

Sicher hast du gemerkt, dass es dir bei vielen Fächern gar keine Probleme bereitet, mit Spaß zu lernen und an dich zu glauben. Das sind die Fächer, in denen du schon immer gute Noten geschrieben hast und deren Inhalte dich vielleicht auch privat interessieren. Problematisch ist es hingegen bei solchen Fächern, die du eigentlich gar nicht magst.

Zunächst einmal solltest du versuchen zu klären, ob sich deine Abneigung wirklich gegen das Fach selbst richtet, oder ob sie möglicherweise daher kommt, dass du den Lehrer nicht so gut leiden kannst. Oft ist das der wahre Grund für das Desinteresse an einem bestimmten Schulfach. Häufig beruht eine solche Abneigung aber auch auf der meist falschen Annahme, der Lehrer habe dich noch nie leiden können bzw. du könnest ihm ohnehin nichts recht machen.
Denke also zunächst einmal in Ruhe über dein Verhältnis zum Fach und zu dem betreffenden Lehrer / zu der betreffenden Lehrerin nach, bevor du es gänzlich abschreibst:

- Hatte ich schon immer eine Abneigung gegen das Fach; also auch in den vorigen Schuljahren, als ich noch einen anderen Lehrer hatte?
- Haben sich im Laufe der Jahre Lücken aufgebaut, sodass ich dem neuen Lernstoff schon lange nicht mehr richtig folgen kann?
- Welches Verhalten kann ich an meinem Lehrer nicht leiden?
- Habe ich schon länger das Gefühl, dass mein Lehrer mich „auf dem Kieker“ hat, und wenn ja, seit wann genau (Gab es ein bestimmtes Ereignis, das ihn verärgert haben könnte?)?

Wenn du den letzten Punkt mit „ja“ beantworten kannst und auch eine Ahnung hast, woran das liegen könnte, dann musst du unbedingt das Gespräch mit deinem Lehrer suchen, denn auch er ist an einem guten Verhältnis zu seinen Schülern interessiert. Oft beruht eine solche Verstimmung nur auf einem Missverständnis.

Aber auch im Falle der anderen Punkte ist das offene Gespräch mit dem Lehrer ein wichtiger erster Schritt, um gegen die Abneigung gegenüber dem Fach anzukämpfen. Du kannst zum Beispiel fragen:

- „Können Sie mir nicht einen Rat geben, wie ich für das Fach so lernen kann, dass es mir wieder mehr Spaß macht?“
- „Ich habe das nicht verstanden, könnten Sie mir diese Aufgabe noch einmal erklären?“
- „Obwohl ich am Anfang des Schuljahres häufig den Unterricht gestört habe, versuche ich seit ein paar Wochen, dem Unterrichtsgeschehen zu folgen. Leider habe ich so viele Lücken, dass meine Beiträge noch sehr mager sind. Ich wünsche mir aber, dass Sie mir eine neue Chance geben.“

Vielleicht ist nach solch einem kurzen Gespräch bereits das Eis gebrochen, weil ihr euch einfach einmal ausgetauscht habt und du merkst, dass dein Lehrer ganz normal und nett auf dich reagiert. Gleichzeitig weiß er nun, dass du wirklich etwas an der Situation verändern willst – und sicher hat er einen hilfreichen Tipp für dich parat.

REGEL

Ein offenes Gespräch mit dem Lehrer / der Lehrerin deines Problemfachs ist der erste Schritt, um die eigene Einstellung zu ungeliebten Fächern zu verändern.

Eine weitere Möglichkeit, Fächer, die du grundsätzlich langweilig findest, für dich persönlich interessanter zu machen, ist, sie mit deinen Freizeitinteressen zu verbinden:

- Du magst englischsprachige Popmusik, aber das Fach Englisch würdest du am liebsten aus dem Stundenplan streichen? – Dann versuche einmal, die Liedtexte deiner Lieblingsband zu übersetzen. Das ist zum einen eine gute Übung, weil du sicher einige unbekannte Wörter im Wörterbuch nachschlagen musst, zum anderen kannst du vor deinen Freunden damit glänzen. Vor allem dann, wenn du die Texte ohne Probleme aufsagen kannst und auch weißt, was sie bedeuten.
- Du findest Geschichte eigentlich langweilig, liest aber gern spannende Abenteuerbücher? – Dann lies doch einmal ein Jugendbuch, das in einer früheren Zeit spielt. Meist sind diese Bücher besonders abenteuerreich, weil sich der Held in einer Welt behaupten muss, die viel rauer ist als unser heutiger Alltag. Gleichzeitig kannst du eine Menge interessanter Dinge über die Geschichte erfahren, da die Handlung meist vor dem Hintergrund eines wichtigen historischen Ereignisses oder einer bedeutenden Epoche abläuft.
- Es gibt auch viele Spiele, bei denen du Fragen zu Geschichte, Erdkunde und anderen Themen beantworten musst. Wenn du sie häufiger spielst, wirst du dein Wissen in diesen Bereichen aufstocken, ohne dass es dich besondere Mühe kostet.

Überlege jetzt einmal, ob es nicht nur in deiner momentanen Freizeit, sondern auch im Zusammenhang mit deinen Zukunftsplänen eine Verbindung zu deinem ungeliebten Schulfach gibt. Wenn du später einmal gern reisen möchtest, wäre es sicher gut, Englisch oder Französisch sprechen zu können. In vielen Berufen ist es wichtig, sich geschliffen und korrekt auszudrücken. In anderen Berufen sind wiederum weit-

reichende Kenntnisse in der Mathematik von Bedeutung, auch wenn man zunächst meint, dass sie eher etwas mit Zeichnen und Kunst zu tun haben – denke nur einmal an den Architektenberuf!
Vielleicht hast du schon eine Vorstellung, was du einmal werden möchtest. Wenn ja, dann überlege, ob dein Problemfach dir dabei nützen kann! Jetzt bleibt dir eigentlich gar keine andere Wahl, als dich intensiv mit den vorher ungeliebten Themen zu beschäftigen. Sicher kannst du sie nun aber auch aus einem anderen Blickwinkel betrachten und findest sie gar nicht mehr so langweilig.

REGEL

Ungeliebte Fächer werden dann plötzlich interessant, wenn man merkt, dass sie einem sowohl in der Freizeit als auch für die eigenen Zukunftspläne nützlich sein können.

Wenn das alles nichts nützt und du weiterhin Probleme hast, dich auf das betreffende Fach zu konzentrieren und in Klassenarbeiten noch immer nicht über eine 4 hinauskommst, dann überlege einmal, wer von deinen Mitschülern und Freunden ein richtiger „Crack" darin ist. Wie wäre es, wenn ihr öfter mal zusammen für dieses Fach lernen würdet? Die Begeisterung deines Freundes / deiner Freundin könnte vielleicht ansteckend wirken und sich auf dich übertragen. Auf jeden Fall macht es Spaß – das heißt, es motiviert – zusammen zu lernen.

Tipp

Ich lerne in Zukunft für die Klassenarbeit zusammen mit einem Freund, der mein ungeliebtes Fach gern mag und revanchiere mich, indem ich ihm Unterstützung in meinem Lieblingsfach anbiete.

Checkliste – Motivation:

- □ Habe ich mir Ziele vorgenommen/gesteckt?
- □ Sind die Ziele realistisch/zu verwirklichen?
- □ Habe ich in Portionen gelernt?
- □ Habe ich meinen Erfolg überprüft und festgehalten?
- □ Habe ich mich für meine Leistungen belohnt?
- □ Habe ich positiv gedacht?

- □ Habe ich mir den Lernstoff für mein ungeliebtes Fach interessant gestaltet und gemeinsam mit einem Partner gearbeitet?

Nach so viel Theorie ist nun wieder einmal eine Konzentrationsaufgabe nötig, damit du nicht aus der Übung kommst. Außerdem kannst du dabei neue Energie sammeln, um das nächste Kapitel aufmerksam durchzuarbeiten. Lege vorher aber ruhig eine kurze Pause ein, wenn du denkst, momentan nichts mehr aufnehmen zu können.

25 **Bei den folgenden Wörtern sind die Buchstaben durcheinandergeraten. Weißt du, welche Wörter gemeint sind?**

SEHO ______________; OENT ______________; EBNEI __________

RMOMSE ______________; DUNH ______________

PALEM ____________; CASTEH ____________; RITE ____________

UESLCH ____________; BNBONO ____________; ESHNCE______

Man muss nur die richtigen Tricks kennen!

So finde ich den schnellen Einstieg in die Hausaufgaben

Wenn es dir immer noch schwerfällt mit dem Lernen zu beginnen, obwohl du schon einen optimalen, störungsfreien Arbeitsplatz hast, könnte es vielleicht daran liegen, dass du dich überforderst. Du versuchst immer, die unangenehmsten, und damit auch die kompliziertesten Aufgaben zuerst zu erledigen, damit du sie los bist.

Das ist zwar verständlich, aber nicht sehr sinnvoll.
Es ist nämlich immer einfacher, wenn man mit dem „Leichteren“ beginnt. Das ist wie im Sport. Solange du dich nicht mit langsamem Joggen und Lockerungsübungen aufgewärmt hast, wirst du niemals einen perfekten Sprint hinlegen können. Da du neben dem Lernen jeden Tag noch viele andere Dinge tust und natürlich auch im Kopf hast, ist es ganz verständlich, wenn es dir zunächst einmal schwerfällt umzuschalten, wenn du dich an den Schreibtisch setzt.
Das Gehirn muss sich jetzt erst auf Lernen einstellen.
Wissenschaftler haben festgestellt, dass man in den ersten 15 Minuten des Lernens viel weniger leisten kann als danach.

REGEL

Meine Hausaufgaben und Übungen beginne ich immer mit etwas Leichtem, knifflige Aufgaben löse ich später!

Wenn du dann noch mit dem Fach beginnst, das dir besonders viel Spaß macht, hast du die besten Bedingungen für einen guten Lerneinstieg.

Erst Mathe und dann Deutsch? – Auf die Reihenfolge kommt es an!

Für deine Konzentration ist es am besten, wenn du möglichst abwechslungsreich lernst – schließlich wird dir auch in anderen Bereichen leicht langweilig, wenn du immer das Gleiche machst! Deine Konzentration und auch deine Motivation nehmen ab. Bevor du deine Hausaufgaben beginnst, überlegst du dir daher am besten eine möglichst abwechslungsreiche Reihenfolge:
Sprachen sollten nicht nacheinander gelernt werden, sondern in Abwechslung mit Fächern wie Mathematik, Biologie oder Chemie. Wenn du mündliche und schriftliche Hausaufgaben hast, sollten sich auch diese abwechseln, damit es nicht so eintönig wird.
Es ist erwiesen, dass wir uns ähnliche Dinge nur mit Mühe merken können. Wenn sich der Lernstoff sehr ähnelt, wie zum Beispiel bei zwei Sprachen oder auch bei Formeln aus Mathematik und Physik, kann das Gehirn die Begriffe oder Formeln schlecht auseinanderhalten und wir verwechseln den Lernstoff unterschiedlicher Fächer.

26 **Lisa ist ganz verzweifelt: Sie sitzt vor ihren Hausaufgaben und weiß nicht, womit sie anfangen soll. Sie kennt die Tricks, die du inzwischen erfahren hast, noch nicht. Kannst du ihr helfen und die Aufgaben in eine sinnvolle Reihenfolge bringen!**

Lisa hat heute eine Menge auf:

- *In Englisch eine Übersetzung anfertigen und außerdem Vokabeln lernen (mündlich).*
- *Im Halbjahr hat sie das Fach Französisch hinzubekommen; sie muss Fragen zu einem Text beantworten (schriftlich).*
- *Außerdem hat sie einige Textaufgaben in Mathe auf, die natürlich immer schriftlich zu lösen sind (Mathe ist übrigens ihr Lieblingsfach.).*
- *Zwei Seiten in Biologie lesen und schriftlich zusammenfassen.*

1. ______________________________

2. ______________________________

3. ______________________________

4. ______________________________

5. ______________________________

6. ______________________________

„Hilfe, ich brauche eine Pause!“

Überlege einmal, wie oft du diesen Satz während des Lernens schon gedacht und dann doch weitergemacht hast, weil du meintest, unbedingt fertig werden zu müssen? Kannst du dich auch erinnern, wie du dabei immer müder und unkonzentrierter wurdest, gar nicht mehr gut lernen konntest und deshalb am Ende doch ganz schön lang gebraucht hast?

Oder hast du dich schon einmal dabei ertappt, dass deine Gedanken während des Lernens ganz woanders waren? Das bedeutet nicht, dass du dich generell schlecht konzentrieren kannst oder nicht lernen wolltest. Nein, du konntest gar nichts dafür, denn das sind „unbewusste Pausen“, die du gar nicht beeinflussen kannst. Sie kommen wie von selbst, dauern ungefähr eine halbe Minute und helfen dir, dich für kurze Zeit auszuruhen und dich zu erholen.

Pausen, das zeigen beide Beispiele, sind sehr wichtig. Wenn du gut und konzentriert lernen willst, brauchst du sie unbedingt. Auf keinen Fall darfst du denken, dass du mit den Pausen Zeit verlierst. Das Gegenteil ist der Fall: Mit Pausen kannst du besser lernen und sparst letzten Endes Zeit.

Und so wirken sich Pausen positiv auf dein Lernen aus:

- Du gibst deinem Gedächtnis die Chance, das Gelernte in Ruhe zu verarbeiten.
- Wenn du zwei Sachen hintereinander lernst, besteht die Gefahr, dass sich diese gegenseitig stören. Schiebst du eine Pause dazwischen, hast du das verhindert.
- Wenn du weißt, dass gleich eine Pause kommt, bist du motivierter, arbeitest noch einmal kräftig, weil du dir voller Vorfreude sagen kannst: Danach habe ich mir eine Pause verdient.

REGEL

Ich mache regelmäßig Pausen, dann kann ich mich besser konzentrieren und gewinne Zeit, weil ich die einzelnen Aufgaben schneller erledigen kann.

Du solltest deine Pausen von vornherein in deine Arbeits-/Lernzeit einplanen. Dabei gilt es Folgendes zu beachten:

- Mach deine Pausen schon dann, wenn du noch fit bist, und nicht erst, wenn du dich schon müde und ausgepowert fühlst. In diesem Fall würde nämlich nur noch eine „Riesenpause“ helfen.
- Mach immer mal wieder kurze Pausen von 1 oder 2 Minuten, auch das hilft schon, um sich zu erholen.
- Wenn du eine Pause machst, bleibe nicht an deinem Schreibtisch sitzen, sondern steh’ auf und beweg’ dich, du kannst auch eine Kleinigkeit essen oder trinken.
- Wenn du mehrere Fächer lernst, legst du die Pausen am besten zwischen die unterschiedlichen Themen: Zunächst lernst du eine halbe Stunde für Mathematik, dann kommt die Pause und dann erst das nächste Fach.
- Wenn du nur für ein Fach, hier aber besonders viel, lernen musst (z. B. für eine Klassenarbeit), dann lege die Pause so, dass du danach wieder leicht in den Stoff hineinkommst. Das bedeutet: Lieber *nach* einer schwierigen Aufgabe die Pause machen als davor.

REGEL

Mach nach einer halben Stunde 10 Minuten Pause,
nach einer weiteren halben Stunde 15 Minuten Pause,
nach insgesamt 2 Stunden eine halbe Stunde Pause!

Bevor du deinen ersten Pausenplan machst, solltest du mithilfe der nächsten Konzentrationsübung nochmals deine ganze Aufmerksamkeit sammeln.

27 **Die 5 Katzen wollen zu ihrem Wollknäuel. Kannst du ihnen helfen? Verfolge die Linien nur mit den Augen und schreibe auf, welche Katze zu welchem Wollknäuel gehört!**

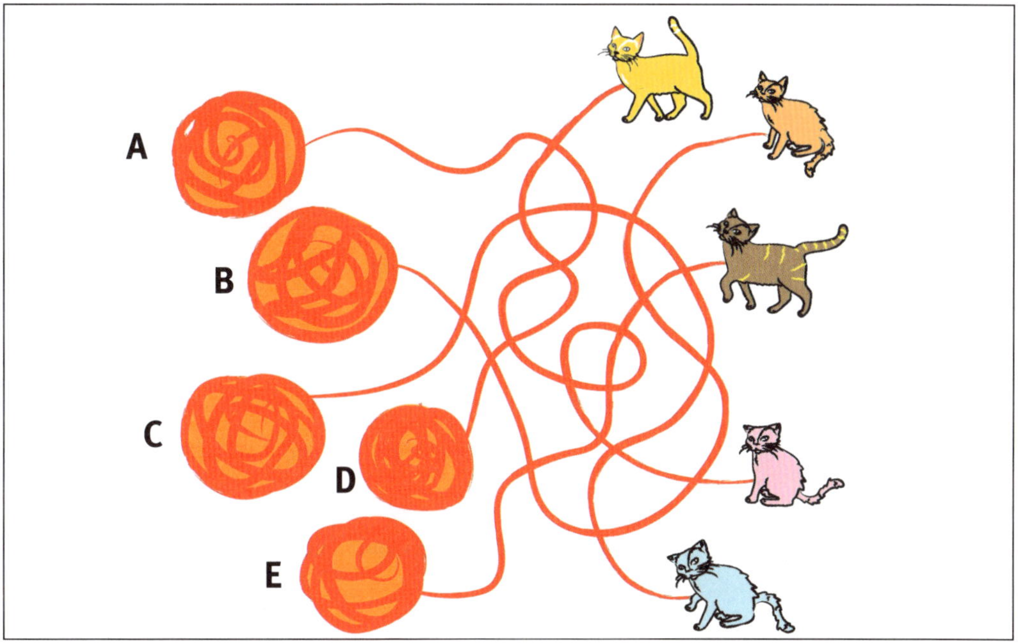

28 **Schau dir deine Hausaufgaben für morgen an und versuche, einen Plan zu erstellen – natürlich mit Pausen!**

Links trägst du das Fach ein und die Zeit, die du ungefähr brauchst. Hier musst du schätzen, natürlich stimmt nicht immer alles perfekt. Rechts trägst du die Pausenzeit ein. Denke dabei auch an das, was du über Abwechslung beim Lernen gelesen hast!

Arbeits– und Pausenplan für ________________________________

Fach/Arbeitszeit	Pause

Tipp

Denk' immer daran: Je länger du lernst, desto mehr und desto längere Pausen brauchst du!

Wie teile ich meine Zeit richtig ein?

Im Zusammenhang mit den verschiedenen Faktoren, die dich vom konzentrierten Lernen abhalten können, wurde bereits im zweiten Kapitel der Zeitdruck angesprochen. Unter Zeitdruck machst du mehr Fehler und brauchst häufig sogar länger, als wenn du dich in Ruhe an deine Aufgaben setzt.
Doch wie entsteht Zeitdruck?

Man kann ihn sich unter anderem selbst schaffen, indem man zu spät mit dem Lernen anfängt. Wer seine Zeit fürs Lernen richtig einteilt, kommt erst gar nicht in die Gefahr, unter Zeitdruck und zu ungünstigen Zeiten zu lernen.

Auf der vorherigen Seiten hast du schon einmal versucht, dir einen Zeitplan für deine Hausaufgaben zu erstellen. Das solltest du jeden Tag machen. Aber es gibt natürlich auch Dinge, die man nicht von Tag zu Tag erledigen kann. Das ist beispielsweise bei Tests und Klassenarbeiten der Fall. Hier kommt es ganz besonders darauf an, rechtzeitig mit dem Lernen zu beginnen. Du kannst auf keinen Fall bis zum letzten Tag warten, um es dann „auf den letzten Drücker“ zu erledigen. Du musst entsprechend früher mit dem Lernen beginnen und dir also auch frühzeitig einen Plan machen.

REGEL

Für Klassenarbeiten lerne ich frühzeitig, so bin ich nicht unter Zeitdruck und habe ein gutes Gefühl bei der Vorbereitung!

Arbeitsschritte bei der Vorbereitung auf eine Klassenarbeit:

1. Falls deine Lehrerin noch nichts Genaues gesagt hat, fragst du, welche Themen in der Arbeit vorkommen.
2. Dann überlegst du, was du alles lernen musst (z. B. Vokabeln, Grammatik, Landeskunde usw.) und teilst alles in Portionen auf.
3. Du überlegst, wie viel Zeit du wohl dafür brauchen wirst. Das ist nicht einfach, aber vielleicht hast du ja schon einen „Erfahrungswert“. Besonderheiten müssen auch bedacht werden: Wenn du etwa krank warst, wirst du mehr Zeit brauchen, um den versäumten Stoff nachzuholen. Plane daher lieber zu viel als zu wenig Zeit ein.
4. Dann schaust du nach, ob du in der entsprechenden Zeitspanne schon andere Termine hast, also an einem Tag zu einem Geburtstag eingeladen bist, zum Arzt musst oder Ähnliches. An einem solchen Tag wirst du wahrscheinlich gar nicht zum Lernen kommen.

5. Nun trägst du deine Arbeitsportionen in einen Plan ein. Denke daran, dass du Pausen einplanst und auch noch Zeit für andere Hausaufgaben offen lässt.
6. Vergiss nicht, jeden Tag deine erledigte Arbeit als Erfolg abzuhaken und dich auch dafür zu belohnen!

Und so könnte dein Plan aussehen:

Wochen–Lernplan für ______________________

Uhrzeit	**Montag**	**Dienstag**	**Mittwoch**	**Donnerstag**	**Freitag**
13.30 Uhr	Mittagessen	Mittagessen	Mittagessen	Mittagessen	Mittagessen + *eine Runde freuen: Englischarbeit*
14 Uhr	Pause	Pause	Unbedingt Lilli anrufen!	Hausaufgaben	*geschafft!* ☺
15 Uhr	Hausaufgaben	Hausaufgaben	*Englischarbeit: Lektion 5*	*Englischarbeit: alles wiederholen*	Hausaufgaben
16 Uhr	*Für Englisch-arbeit: Lektion 4*	*Englischarbeit: Grammatik*	Schwimmen	Klavier-unterricht	Tim treffen
17 Uhr	Tischtennis	HipHop-Kurs	Hausaufgaben	Vorbereitung auf die Mathearbeit	

Mehr Konzentration durch körperliche Fitness

29 **Versuche, den folgenden Fragebogen zu beantworten.**

Glaubst du, dass es für gute Konzentration und erfolgreiches Lernen wichtig ist,

wenn du dich gut ernährst,	Ja	Nein	Weiß nicht
wenn du dich viel an der frischen Luft bewegst,	Ja	Nein	Weiß nicht
wenn du ausreichend schläfst,	Ja	Nein	Weiß nicht
wenn du möglichst wenig fernsiehst?	Ja	Nein	Weiß nicht

1. Eine gute und ausgewogene Ernährung ist wichtig, um dich körperlich und geistig fit zu halten. Iss also viel frisches Obst und Gemüse sowie Vollkornprodukte.
2. Wenn du häufig draußen bist, spazieren gehst oder Sport treibst, tankst du viel Sauerstoff, den dein Gehirn zum Lernen braucht. Außerdem kannst du mit Bewegung und Sport Stress und Ärger abbauen und deine Fitness steigern.
3. Natürlich ist es äußerst wichtig, genug zu schlafen. Denn sonst bist du einfach zu müde zum Lernen. Geh also abends rechtzeitig ins Bett, dann bist du morgens fit für den Tag (und für die Schule!).
4. Fernsehen ist ja manchmal ganz entspannend, aber hier gilt die Regel: Setze dich so wenig wie möglich vor den Fernseher (oder den Computer). Geh lieber raus, triff dich mit Freunden und spielt gemeinsam etwas. Das tut dir bestimmt gut!
5. Und noch etwas: Wer krank ist, gehört ins Bett und nicht an den Schreibtisch! Wenn man krank ist, kann man sich nicht richtig konzentrieren, egal wie sehr man es auch versucht. Da ist es besser, sich ein paar Tage gründlich auszukurieren und dann wieder mit vollen Kräften durchzustarten.

Checkliste – Lernstrategien:

- ☐ Mache ich regelmäßig Pausen?
- ☐ Beginne ich mein Lernpensum immer mit einer leichten Aufgabe?
- ☐ Lerne ich abwechslungsreich?
- ☐ Lerne ich in Portionen?
- ☐ Erstelle ich mir Zeit- und Pausenpläne?
- ☐ Lerne ich niemals unter Zeitdruck?
- ☐ Beginne ich bei Arbeiten und Tests frühzeitig mit dem Lernen?
- ☐ Schlafe ich ausreichend?

Flüchtigkeitsfehler – Wie kann ich genauer arbeiten?

Du machst immer wieder Flüchtigkeitsfehler? Dann solltest du dir zunächst Gedanken darüber machen, wie es dazu kommt. Wenn du merkst, dass du mit den Gedanken immer wieder woanders bist und es deswegen zu den Fehlern kommt, musst du noch einmal prüfen, ob du alle Lernstörungen auch wirklich ausgeschaltet hast.

Möglicherweise ist es auch der Zeitdruck, der dich schnell und „flüchtig" arbeiten lässt. Dann versuche noch einmal, deine Zeit so einzuteilen, dass du wirklich genug Zeitpuffer hast, für den Fall, dass einmal etwas nicht auf Anhieb klappt oder du aufgehalten wirst.

Es könnten aber auch die „unbewussten Pausen" sein, von denen schon die Rede war, die zu Flüchtigkeitsfehlern führen. In diesem Fall machst du zu wenig offizielle Pausen und kannst dich deswegen nicht richtig konzentrieren. Teile deine Lernzeit so ein, dass du ausreichend Zeit für Pausen hast!

30 **Teste nun einmal, ob du mehr Flüchtigkeitsfehler machst, wenn du unter Zeitdruck bist: Bitte jemanden aus deiner Familie oder einen Freund, dir eine halbe Seite aus diesem Buch zu diktieren. Er/sie soll dir den Textabschnitt deutlich, aber schnell vorlesen, sodass du dich beim Schreiben wirklich beeilen musst.**

Vergleiche nun deinen Text mit demjenigen aus dem Buch und streiche die Fehler an. Überlege auch, wie du dich beim Schreiben gefühlt hast. Jetzt lässt du dir eine weitere halbe Seite diktieren – aber in aller Ruhe. Kannst du einen Unterschied feststellen? Sehr viele Flüchtigkeitsfehler kommen unter Zeitdruck zustande. Aber es gibt noch zahlreiche andere Ursachen für ungenaues Arbeiten, wie du auf den folgenden Seiten feststellen wirst.

Satzzeichen sind nicht nur im Deutschunterricht wichtig

Oft ist auch unsere persönliche Einstellung zu bestimmten Formalitäten das eigentliche Problem, wenn wir Flüchtigkeitsfehler machen. Wir nehmen bestimmte formale Vorgaben nicht ernst genug, weil wir ihre tatsächliche Bedeutung nicht ganz einsehen. Vielen Schülern geht es so mit der Rechtschreibung und der Kommasetzung, obwohl dieser Bereich auch im Berufsleben von großer Wichtigkeit ist. Versuche daher deine Einstellung bewusst zu ändern.

Dass die Zeichensetzung nicht ganz unwichtig ist, siehst du vor allem an deiner Deutschnote, doch das ist nicht alles: Wenn du einmal versuchst, einen Text zu lesen, der ohne Punkt und Komma geschrieben ist, dann wirst du Schwierigkeiten haben, auf Anhieb seinen Sinn zu entschlüsseln. Die Satzzeichen haben also durchaus ihren Sinn. Sie helfen, den Text besser zu verstehen. Er wird dadurch übersichtlicher. Hast du schon einmal gehört, dass über einen Menschen gesagt wird: „Er spricht ohne Punkt und Komma!“? Das heißt, dass er ohne Pause spricht und dass man ihn deswegen schlecht versteht.

Auch leichte Aufgaben haben ihre Tücken

Manchmal kommt es vor, dass man Aufgaben nicht ernst nimmt, man überfliegt sie schnell und denkt: „Ach ja, kein Problem für mich“. Und das genau ist das Problem! Man hat zu schnell gelesen, etwas übersehen, und so kommt es zu Fehlern. Die meisten von ihnen hätte man vermeiden können, wenn man konzentriert gearbeitet hätte.

REGEL

Nimm dir immer die Zeit, eine Aufgabe gründlich zu lesen; das gilt ganz besonders für Klassenarbeiten und Tests.

Versuche immer, einen Text oder eine Matheaufgabe noch einmal in Ruhe durchzugehen, bevor du sie abgibst. Nutze die dir zur Verfügung stehende Bearbeitungszeit voll aus. Auch deine Hausaufgaben solltest du dir am Ende immer noch einmal durchlesen. Je öfter du das tust, desto mehr deiner Fehler fallen dir auch auf.

REGEL

Man sollte grundsätzlich nichts abgeben, was man nicht vorher nochmal durchgelesen hat.

Angst blockiert das Denkvermögen

Dieser Gefühlszustand führt oft dazu, dass man sich die Aufgabe nicht intensiv und konzentriert genug durchliest. Man steht so unter Druck und Anspannung, dass man sich auf die doch so schwierigen Inhalte eigentlich gar nicht mehr richtig konzentriert. Auch so schleichen sich Fehler ein, die man leicht hätte vermeiden können. Versuche, deine Angst zu überwinden: Erinnere dich an das Plakat auf S. 39, mit dem du dir selbst Mut zusprichst. Denke immer daran: Wenn du dich gut vorbereitet hast, dann wirst du es mit Sicherheit schaffen! Wenn du trotzdem weiterhin Angst hast und es dir sogar richtig schlecht geht vor und während den Arbeiten, dann solltest du unbedingt mit deinen Eltern oder dem Vertrauenslehrer darüber sprechen.

Wenn man immer dieselben Fehler macht

Wenn das bei dir der Fall ist, dann wird es Zeit, diesen Fehlern einmal deine ganze Aufmerksamkeit zu schenken! Sie (die hartnäckigen Fehler) haben eine Sonderbehandlung verdient. Du könntest einmal richtig sauer auf sie werden. Das klänge dann etwa so: „Du blöder Fehler, hast mir die ganze Note verdorben! Das lasse ich nicht noch einmal zu! Nämlich wird ohne *h* geschrieben, jawohl, das passiert mir nicht mehr!“ Schimpfe richtig laut, dann bleibt dir der Fehler gut in Erinnerung.

Eine andere Möglichkeit, solch einen Dauerfehler auszumerzen, ist das Spiel „Der Wortdetektiv“. Dabei wirst du zum Detektiv, der jedes Wort genau unter die Lupe nimmt und untersucht, ob es korrekt geschrieben ist. Danach schreibst du jedes dieser Wörter auf eine Karteikarte und kreist die Stelle farbig ein, an der du den Fehler gemacht hast. Die Kärtchen solltest du so lange regelmäßig durchgehen, bis du dir die korrekte Schreibweise komplett eingeprägt hast.

31 **Nimm dir einmal die Fehler vor, die du beim letzten Diktat gemacht hast (es kann auch eine Fremdsprache sein) und spiele den Wortdetektiv: Wenn du deine Recherchen abgeschlossen und festgestellt hast, was nicht in Ordnung ist, schreibst du das Wort korrekt auf ein Karteikärtchen und ordnest es in deine „Klientenkartei“ ein.**

Flüchtigkeitsfehler-Analyse

Jetzt solltest du deine letzten Arbeiten oder auch Hausaufgaben hervorholen und schauen, welche Flüchtigkeitsfehler du gemacht hast. Vielleicht kannst du dich an die jeweilige Situation erinnern. Denke genau nach, warum dir der jeweilige Fehler passiert sein könnte!
Überlege: Wann / Unter welchen Umständen mache ich Flüchtigkeitsfehler?

- ☐ bei einer Klassenarbeit (1)
- ☐ wenn ich während einer Klassenarbeit Angst habe (2)
- ☐ wenn ich befürchte, nicht rechtzeitig mit der Arbeit fertig zu sein (3)
- ☐ wenn ich nach den Hausaufgaben einen Termin habe (Zeitdruck) (4)
- ☐ wenn ich an etwas anderes denke / abgelenkt bin (5)
- ☐ wenn ich die Aufgabe langweilig finde (6)
- ☐ wenn ich zu viel gearbeitet und zu wenig Pausen gemacht habe (7)
- ☐ wenn ich Angst habe, die Aufgabe nicht lösen zu können (8)
- ☐ wenn ich glaube, dass die Aufgabe ziemlich einfach ist (9)

Versuche nun Lösungen zu finden, mit denen du diese Probleme in den Griff kriegen, das heißt, die Ursachen beseitigen kannst, die zu den Fehlern geführt haben? Letztlich hast du es in der Hand, dein Lern– und Arbeitsverhalten zu verändern. Meist genügt es schon, sich bewusst zu machen, was schiefgelaufen ist.

Mögliche Lösungen sind beispielsweise:

zu 1-3: Ich mache mir Mut, dass ich es schaffe, da ich mich gut auf die Klassenarbeit vorbereitet habe. Ich atme tief durch und beginne mit einer leichten Aufgabe.

zu 4: Ich lege meine Termine so, dass ich vorher genug Zeit für die Hausaufgaben habe, ansonsten mache ich meine Hausaufgaben nach dem Termin.

zu 5: Wenn ich ein Problem habe, spreche ich mit jemandem darüber. Wenn mich Geräusche stören, versuche ich, diese Störungen auszuschalten. Wenn meine Gedanken abschweifen, muss ich mehr Pausen machen.

zu 6: Wenn ich eine Aufgabe langweilig finde, muss ich sie besonders sorgfältig bearbeiten.

zu 7: Ich teile mir meine Arbeiten in Portionen ein und mache regelmäßig Pausen.

zu 8: Ich versuche, die Aufgabe so gut ich kann zu lösen. Anschließend lese ich sie genau durch.

zu 9: Auch hier gebe ich besonders acht: Wenn man etwas für sehr leicht hält, ist man oft nicht so bei der Sache.

32 **Damit du weiterhin übst, genauer hinzuschauen, löse bitte die folgende Aufgabe: Suche, so schnell du kannst, alle *N*s im folgenden „Buchstabensalat“ und unterstreiche sie!**

W M N V W M M N V V
M V W M N V M N V W
V V M W W V N V M W
M V W N N V M W V M
V V M N W M W W M N
V W V N M M V W N W
M W N V N N V M W N

W V M N W W M N N V
M M V V N M W N W V
M W V M N V M M W V
N N V M W W V M M N
N U V V M W V N M W
W N V W N V M N W M
N M V N V V N M N N

Abschlusstest

Und nun sind wir leider schon am Schluss angelangt. Erinnerst du dich noch an die Konzentrationsübung ganz am Anfang? Jetzt kommt noch einmal eine ähnliche Übung. Sicher kannst du nun mehr Bilder behalten als am Anfang.

33 **Betrachte die folgenden Bilder 1 Minute lang und versuche, sie dir zu merken. Lege das Buch weg, gehe in einen anderen Raum und schreibe auf, welche Bilder du dir merken konntest.**

Stimmt, es waren mehr Motive als bei der Eingangsübung, und damit war der Test schwieriger. Aber vermutlich konntest du dir auch mehr Motive merken als beim letzten Mal, oder?

Lösungen

Aufgabe 2: Gestrichen werden müssen: die Taschenlampe, die Zeitschrift, der Lippenstift, die CD, die Turnschuhe (besser in eine Sporttasche packen, wenn du Sportunterricht hast)

Aufgabe 4: die CD, der Lippenstift, der Apfel, das Pflaster

Aufgabe 5: Gestrichen werden müssen: das zerknüllte Blatt Papier, der MP3-Player, der Apfel, der Joghurtbecher. Ob du die richtigen Gegenstände dazugemalt hast, kannst du prüfen, indem du nochmals die S. 9 liest.

Aufgabe 9: linke Spalte: 1, 15, 5, 10, 12, 16, 38, 34, 41, 10; rechte Spalte: 21, 25, 21, 29, 17, 15, 50, 30, 35, 43

Aufgabe 11: 20 Dreiecke / 18 Kreise / 21 Quadrate

Aufgabe 16: Es sind 20 tz und 35 zt.

Aufgabe 18: Du müsstest 8 gleiche Paare gefunden haben.

Aufgabe 22: Wenn du alle 5 Spalten durchgerechnet hast, müsstest du bei der Zahl 35 angekommen sein.

Aufgabe 24: ***Ziel:*** Bevor man mit dem Lernen beginnt, muss man sich realistische Ziele setzen. ***Portionen:*** Das Lernpensum eines Nachmittags soll man sich in kleine Portionen einteilen, die man schrittweise abarbeiten kann. ***Lernen:*** Auch das Lernen will gelernt sein, hierfür gibt es viele Regeln und hilfreiche Tipps. ***Erfolg:*** Erfolgserlebnisse steigern die Motivation, weiterzuarbeiten. ***Positiv denken:*** Man soll immer versuchen, positiv zu denken, also an seinen Erfolg zu glauben. ***Motivation:*** Wenn du motiviert bist, eine Sache besonders gut zu machen, kannst du dich auch besser darauf konzentrieren.

Aufgabe 25: Hose; Note; Beine; Sommer; Hund; Palme; Tasche; Tier; Schule; Bonbon; Schnee

Aufgabe 26: Mögliche Reihenfolge: 1. Mathe; – 2. Englisch (Vokabeln); – 3. Englisch (Übersetzung); – 4. Biologie (Text lesen); – 5. Biologie (Text schriftlich zusammenfassen); – 6. Französisch (Fragen zum Text beantworten)

Aufgabe 27: 1. Katze → Knäuel D; 2. Katze → Knäuel B; 3. Katze → Knäuel E; 4. Katze → Knäuel A; 5. Katze → Knäuel C